Les hélicoptères

Molly Aloian

Traduction de Marie-Josée Brière

Catalogage avant publication de Bibliothèque et Archives nationales du Québec et Bibliothèque et Archives Canada

Aloian, Molly

Les hélicoptères

(Au volant!)
Traduction de : Hovering helicopters.
Comprend un index.
Pour enfants de 5 à 8 ans.

ISBN 978-2-89579-523-0

1. Hélicoptères - Ouvrages pour la jeunesse. I. Titre.

TL716.2.A5614 2013   j629.133'352   C2012-942435-8

Dépôt légal – Bibliothèque et Archives nationales du Québec, 2013
Bibliothèque et Archives Canada, 2013

Titre original : *Hovering Helicopters* de Molly Aloian (ISBN 978-0-7787-3062-0) © 2011 Crabtree Publishing Company,
616 Welland Ave., St. Catharines, Ontario, Canada L2M 5V6

Conception graphique
Tibor Choleva
Melissa McClellan

Recherche de photos
Melissa McClellan

Conseillère
Erin Napier

Illustrations
Leif Peng

Photos
Dreamstime.com : © Derek Gordon (page titre) ; © Kitchner Bain (table des matières) ; © Anthony Hathaway (page 5) ;
© Keith Barlow (page 11) ; © Ice962 (pages 14-15) ; © Trondur (page 18) ; © Charles Mccarthy (page 19, en haut) ;
© Arievdwolde (page 25) ; © Shibubu (page 26) ; © Tom Dowd (page 28, en haut) ; © Bambi L. Dingman (page 29, au milieu) ;
© Brian Nguyen (page 30, en haut)
Shutterstock.com : © Artur Bogacki (page couverture) ; © Liliia Rudchenko (ciel bleu, pages 4-13, 16-26 et 30-31) ;
© Daniel Mazac (page 4) ; © Lukich (page 4, en haut à gauche, et page 30, en bas) ; © Rob Byron (pages 6-7) ;
© Christopher Sykes (page 8) ; © Ross Wallace (page 9) ; © Johan Knelsen (page 9, en haut) ; © Stephen Gibson (page 10) ;
© Walter G. Arce (page 11, en haut) ; © Jorg Hackemann (page 12) ; © Atlaspix (page 13) ; © Jan Martin Will (page 13, en haut) ;
© Wessel du Plooy (page 16) ; © Tonylady (page 18, en haut) ; © David Hyde (page 19) ; © Monkey Business Images (page 20) ;
© gary718 (page 21) ; © Ivan Cholakov Gostock-dot-net (page 21, en haut) ; © Roca (page 22, en haut) ; © Mircea Bezergheanu
(pages 22-23) ; © Brian Finestone (page 23, en haut) ; © EuToch (pages 28-29) ; © Balazs Toth (page 29, en haut)
U.S. Defense Imagery (quatrième de couverture, pages 17 et 24)
Domaine public : James Haseltine, U.S. Air Force (page 31, en haut)
NASA (page 31, en bas)

Direction : Andrée-Anne Gratton
Traduction : Marie-Josée Brière
Révision : Johanne Champagne
Texte : © 2011 Crabtree Publishing Company
Mise en pages : Mardigrafe inc.

© Bayard Canada Livres inc. 2013

Nous reconnaissons l'aide financière du gouvernement du Canada par l'entremise du Fonds du livre du Canada (FLC)
pour des activités de développement de notre entreprise.

Conseil des Arts   Canada Council
du Canada   for the Arts

Bayard Canada Livres inc. remercie le Conseil des Arts du Canada du soutien accordé à son programme d'édition dans le cadre
du Programme des subventions globales aux éditeurs.

Cet ouvrage a été publié avec le soutien de la SODEC. Gouvernement du Québec – Programme de crédit d'impôt
pour l'édition de livres – Gestion SODEC.

Bayard Canada Livres
4475, rue Frontenac,
Montréal (Québec) H2H 2S2
Téléphone : 514 844-2111 ou 1 866 844-2111
edition@bayardcanada.com
bayardlivres.ca

Imprimé au Canada

Table des matières

Des véhicules volants

Les hélicoptères sont des aéronefs. C'est ainsi qu'on appelle les véhicules qui volent, comme les avions. Contrairement aux autres aéronefs, les hélicoptères n'ont pas d'ailes. Ils ont plutôt de grandes hélices appelées « rotors ». Et ils peuvent voler vers le haut, vers le bas, vers l'avant, vers l'arrière ou de côté.

Les pales du rotor tournent rapidement au-dessus de l'hélicoptère. C'est ce qui maintient l'hélicoptère dans les airs et lui permet de voler dans toutes les directions.

Des véhicules pratiques

Les hélicoptères peuvent accomplir différentes tâches. Ainsi, les hélicoptères de recherche et de sauvetage permettent d'aller secourir des gens en danger, par exemple parce qu'ils se sont perdus ou qu'ils sont incapables de se déplacer. D'autres types d'hélicoptères peuvent transporter des marchandises dans des endroits difficiles d'accès.

Les hélicoptères peuvent par exemple secourir des gens qui ont eu un accident en escaladant une montagne.

De plus près

Les hélicoptères peuvent servir à des tâches que les autres aéronefs sont incapables d'accomplir. Chacun de leurs éléments sert à des tâches différentes.

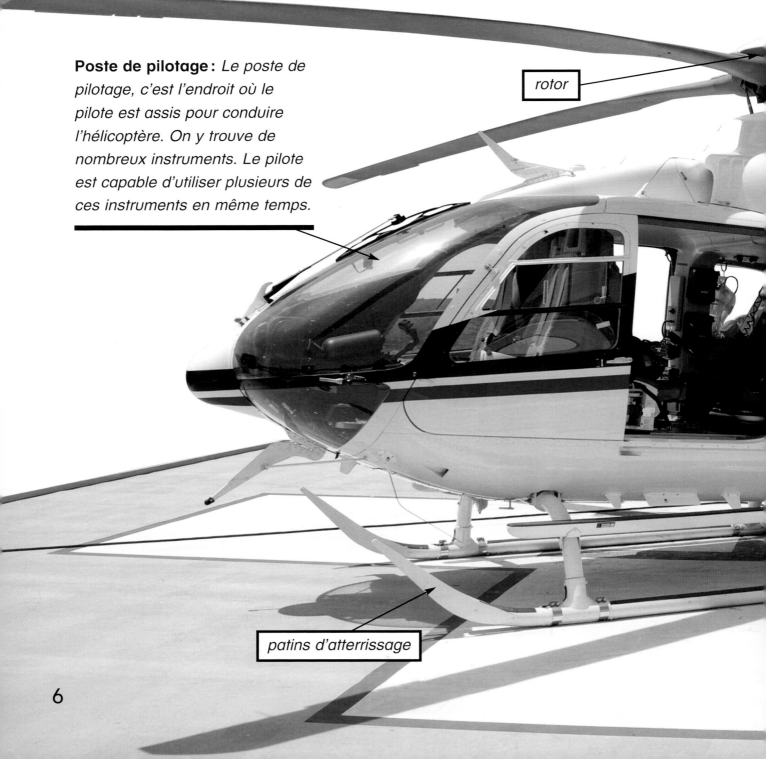

Poste de pilotage : *Le poste de pilotage, c'est l'endroit où le pilote est assis pour conduire l'hélicoptère. On y trouve de nombreux instruments. Le pilote est capable d'utiliser plusieurs de ces instruments en même temps.*

rotor

patins d'atterrissage

L'aéronef qu'on voit ici est un hélicoptère médical. Il peut amener rapidement des gens malades à l'hôpital, en atterrissant sur le toit ou au sol près de l'immeuble.

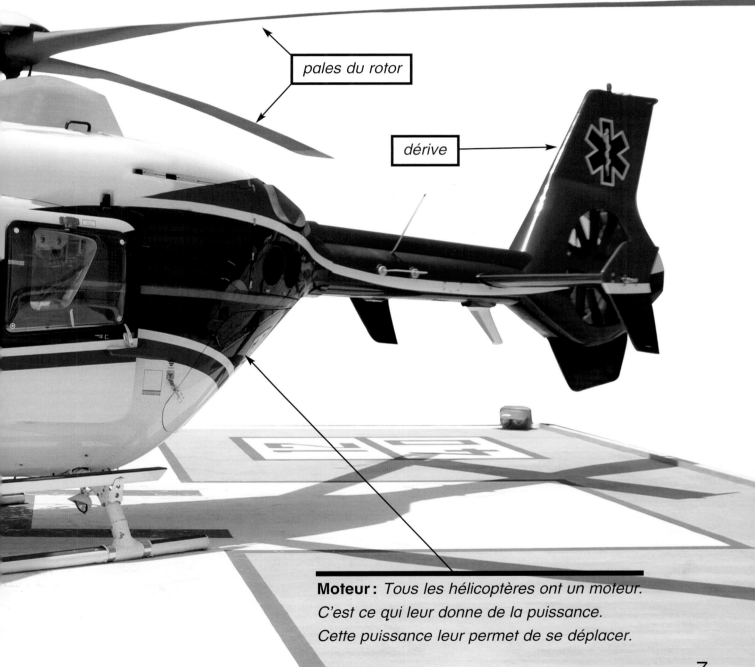

pales du rotor

dérive

Moteur : *Tous les hélicoptères ont un moteur. C'est ce qui leur donne de la puissance. Cette puissance leur permet de se déplacer.*

Les rotors

Les hélicoptères sont munis d'hélices appelées « rotors ». Le rotor principal, sur le dessus, leur permet de s'élever dans les airs. C'est le moteur de l'hélicoptère qui alimente ce grand rotor. Quand le rotor tourne, l'hélicoptère peut décoller.

rotor principal

Le rotor principal de cet hélicoptère se trouve tout en haut. En tournant rapidement, il donne à l'hélicoptère la puissance qu'il lui faut pour quitter le sol et pour voler.

Drôle de couple!

En tournant dans une direction, le rotor principal fait tourner l'hélicoptère dans la direction opposée. C'est ce qu'on appelle le « couple ». Un rotor plus petit, placé à l'arrière, empêche l'hélicoptère de tourner sur lui-même, hors de contrôle. C'est le rotor anticouple. Il annule le couple produit par le rotor principal et permet à l'hélicoptère de voler en ligne droite.

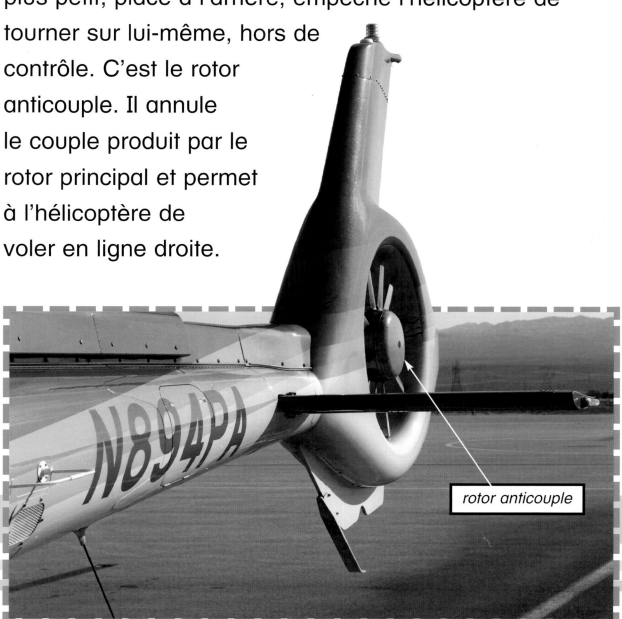

rotor anticouple

Contrairement à de nombreux véhicules, les hélicoptères sont dirigés par un dispositif situé à l'arrière.

Le vol stationnaire

Les hélicoptères peuvent voler à la verticale. Ils peuvent aussi faire du vol stationnaire, c'est-à-dire voler sur place. Quand les pales du rotor brassent l'air, elles créent un vent très fort. Ce vent exerce une poussée vers le bas, ce qui fait monter l'hélicoptère vers le haut. Le pilote peut alors choisir de le faire monter encore plus ou de rester tout près du sol.

Il est facile de voir la force produite par un hélicoptère : cette force repousse les vagues dans toutes les directions autour de l'aéronef quand il vole sur place au-dessus de l'eau.

Atterrissage facile

Contrairement aux avions, les hélicoptères n'ont pas besoin d'une longue piste pour décoller ou atterrir. Ils peuvent voler sur place pendant un long moment et atterrir ensuite dans toutes sortes d'endroits, par exemple sur le toit d'un immeuble à bureaux, en pleine forêt ou même sur une route.

Les hélicoptères sont souvent utilisés pour transporter des gens vers les hôpitaux et les bureaux parce qu'ils peuvent se poser facilement sur le toit d'un immeuble situé en pleine ville.

Des patins ou des roues

Certains hélicoptères se posent sur des roues, et d'autres se posent sur des patins. Les petits hélicoptères ont généralement des patins. Comme les patins sont moins lourds que des roues, un hélicoptère sur patins peut transporter des charges plus lourdes qu'un hélicoptère de la même taille qui est muni de roues. Les gros hélicoptères, comme ceux des militaires, ont le plus souvent des roues.

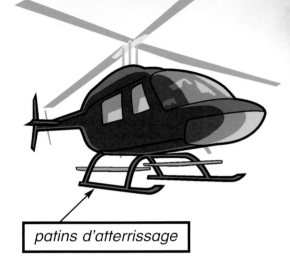

patins d'atterrissage

Les pompiers et les policiers se servent souvent d'hélicoptères comme celui-ci pour se rendre sur les lieux d'un accident de la route.

Ça roule !

Les roues des hélicoptères sont parfois rétractables, ce qui veut dire qu'elles peuvent être rentrées dans l'hélicoptère quand elles ne servent pas.

Des blocs triangulaires appelés « cales » empêchent les roues de cet hélicoptère de bouger quand il est stationné au sol.

roues rétractables

Ce pilote a sorti les roues de son hélicoptère. Il est prêt à atterrir.

À bonne vitesse

Les hélicoptères ne peuvent pas voler aussi vite que les avions, mais ils sont généralement plus rapides que les camions, les voitures et les trains. L'hélicoptère le plus rapide au monde a atteint une vitesse record de plus de 460 kilomètres à l'heure!
C'est le X2, un hélicoptère expérimental construit par la compagnie américaine Sikorsky.

Le Lynx, de la compagnie britannique Westland, est un des hélicoptères les plus rapides au monde.

Pas si mal!

Beaucoup d'hélicoptères peuvent voler à des vitesses allant de 130 à 275 kilomètres à l'heure environ.

Les hélicoptères militaires ont un moteur très puissant. Au besoin, ils sont capables de voler très vite.

DANGER ➡

Au combat

Les différents types d'hélicoptères militaires servent à différentes fonctions. Certains peuvent transporter des soldats vers les zones de combat, ou encore secourir les blessés et les transporter à l'hôpital. D'autres sont utilisés pour transporter des armes et d'autres pièces d'équipement.

Il est plus difficile d'abattre un hélicoptère de combat qu'un avion à réaction ou tout autre type d'avion.

Un aéronef exceptionnel

Le V-22 Osprey de la compagnie américaine Bell-Boeing est vraiment exceptionnel. C'est ce qu'on appelle un « aéronef à rotors basculants ». Il ressemble à la fois à un avion et à un hélicoptère. Contrairement aux avions, il n'a pas besoin de piste pour décoller et atterrir, parce qu'il peut se poser à la verticale comme un hélicoptère. Mais, comme certains avions, il peut faire le plein de carburant en vol. Il peut donc passer plus de temps dans les airs sans avoir à se poser.

Le V-22 Osprey va parfois chercher des pilotes dont l'aéronef a été abattu en territoire ennemi. Il peut ensuite les ramener en lieu sûr. Il peut aussi servir pour les combats et les opérations spéciales.

En mer

Certains hélicoptères permettent
de se rendre vers de grands
navires ou des plateformes
pétrolières en pleine mer.

Ils atterrissent sur le pont de
ces navires ou de ces plateformes.
Ces hélicoptères transportent des travailleurs,
des fournitures et de l'équipement important
pour le travail en mer.

*Il est très difficile de se poser en hélicoptère sur une plateforme pétrolière, au beau milieu
d'une mer agitée par les vagues. Le pilote doit d'abord voler sur place au-dessus de l'eau
et essayer de suivre le rythme des vagues pour pouvoir atterrir en toute sécurité.*

En patrouille

Dans beaucoup de pays, des unités spéciales de la police ou de l'armée patrouillent les côtes. C'est ce qu'on appelle la « garde côtière ». Ces unités utilisent parfois des hélicoptères pour surveiller les côtes du haut des airs et pour secourir des bateaux en difficulté.

Si un bateau est en train de couler pendant une tempête, la garde côtière peut envoyer des hélicoptères au secours de ses passagers.

Ambulanciers et policiers

Les hélicoptères-ambulances
transportent du matériel qui
permet de sauver des vies,
par exemple des médicaments,
des respirateurs et de l'équipement de réanimation.
Ils peuvent aller chercher des victimes coincées
sur place, en cas d'accidents de la route, et les
amener à l'hôpital.

*Les membres de l'équipage de cet hélicoptère-ambulance transportent
une blessée à l'hôpital avec l'aide du personnel médical.*

Pour bien voir

Les policiers se servent d'hélicoptères munis de projecteurs puissants pour retrouver des gens disparus ou recherchés dans des zones sauvages très vastes, comme des forêts ou des marécages. Il faudrait des heures pour parcourir ces grandes étendues à pied ou en voiture, mais un hélicoptère peut les survoler en quelques minutes.

Au sol, il serait impossible de retrouver une personne qui s'est perdue dans une forêt comme celle-ci. Mais du haut des airs, les sauveteurs en hélicoptère ont de bien meilleures chances de l'apercevoir.

En montagne

L'héliski est un sport de montagne populaire en Amérique du Nord, en Asie et en Europe. Les gens qui font de l'héliski prennent un hélicoptère pour se rendre dans les régions montagneuses et pour en revenir. Une fois là-bas, l'hélicoptère les dépose au sommet des montagnes, et ils descendent ensuite en ski ou en planche à neige.

L'héliski permet de découvrir des paysages époustouflants!

En sécurité

Dans les hautes montagnes, la neige est souvent très légère. C'est ce qu'on appelle la « poudreuse ».
Si des skieurs ou des planchistes éprouvent des difficultés en descendant dans la poudreuse, le pilote de l'hélicoptère qui les a amenés là peut leur venir en aide ou les transporter en lieu sûr.

Ce secouriste est accroché à un hélicoptère en vol, avec un blessé étendu dans une civière spéciale.

De lourdes charges

Avec leur moteur puissant, certains gros hélicoptères sont capables de soulever et de transporter des objets très lourds, comme des voitures ou d'immenses troncs d'arbre. Ils peuvent aller chercher ou porter ces objets dans des endroits où les autres véhicules ne peuvent pas se rendre.

Cet hélicoptère CH-54 Skycrane ramasse un morceau d'un avion qui a été démantelé sur un terrain d'aviation.

24

C'est lourd!

Les hélicoptères qui transportent des objets très lourds sont ce qu'on appelle des « hélicoptères de transport lourd ».  Ils ont généralement deux grands rotors principaux qui tournent dans des directions opposées. Ils sont également équipés de câbles solides et de grands crochets pour manipuler leurs charges. Les plus gros et les plus puissants de ces hélicoptères peuvent soulever un poids presque équivalent à celui de six éléphants!

Si une jeep militaire est incapable de se rendre d'un endroit à l'autre par la route, elle peut être transportée à destination par un hélicoptère.

Au feu !

Les hélicoptères peuvent aussi
servir à combattre les incendies.
L'été, quand le temps est chaud et sec,
des incendies de forêt se déclenchent un
peu partout dans le monde. La chaleur et la fumée qui
se dégagent de ces incendies sont souvent trop intenses
pour les pompiers au sol. Les hélicoptères peuvent donc
aider à éteindre les flammes du haut des airs.

*Cet hélicoptère laisse tomber l'eau qu'il a transportée dans un seau
spécial suspendu à un câble.*

Des bombes spéciales

On appelle « bombardiers d'eau » les hélicoptères
qui servent à lutter contre les incendies. Ils peuvent
transporter des milliers de litres d'eau dans
d'énormes réservoirs situés sous leur ventre.
Ces hélicoptères peuvent aussi transporter des
outils, des pompes, des tuyaux d'arrosage et
d'autres pièces d'équipement vers des endroits
sûrs où les pompiers au sol pourront les ramasser.

*Cet hélicoptère arrose un incendie
avec l'eau contenue dans ses réservoirs.*

Du haut des airs

Les équipes de cinéma et de télévision tournent parfois des scènes en hélicoptère pour des films ou des émissions. Les photographes peuvent aussi capter des images saisissantes de gens, d'animaux ou de lieux quand ils volent en hélicoptère.

Cet homme pilote un hélicoptère de reportage. Il transporte des journalistes d'un endroit à l'autre pour qu'ils puissent transmettre des nouvelles rapidement.

À basse altitude

Il est dangereux de voler près du sol en avion, mais cela présente beaucoup moins de risque pour un hélicoptère. Ainsi, un hélicoptère peut très bien voler assez bas pour filmer une excitante course de vélo du début à la fin.

Les journalistes à bord de cet hélicoptère survolent un championnat de vélo.

Vers l'avenir

Des chercheurs tentent actuellement de combiner les caractéristiques des hélicoptères avec la vitesse des avions. Le V-22 Osprey, par exemple, peut décoller comme un hélicoptère, mais il vole aussi vite qu'un avion. Il est presque deux fois plus rapide que les autres hélicoptères!

Le V-22 Osprey attire les foules partout où il va, en raison de son apparence particulière et de ses exploits en vol.

Des lames transformables

La NASA, l'organisme qui s'occupe de recherche spatiale aux États-Unis, tente de mettre au point un hélicoptère muni de lames de rotor spéciales, capables de changer de forme. Cet hélicoptère pourrait transporter jusqu'à 100 passagers et parcourir de plus longues distances que les hélicoptères actuels avec la même quantité de carburant.

La NASA se sert d'un tunnel aérodynamique spécial pour faire l'essai de ces lames de rotor transformables.

Index et mots à retenir

bombardiers d'eau
pages 26-27

hélicoptères-ambulance
page 20

hélicoptères militaires
pages 15, 16-17

hélicoptères de recherche et de sauvetage
page 5

hélicoptères de transport lourd
pages 24-25

patins
pages 6, 12

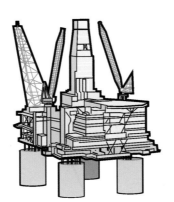

plates-formes pétrolières
page 18

police
page 21